# Niels Kjær

# Kvækerne før og nu

*Niels Kjær: Kvækerne før og nu*

Copyright 2018 by *Niels Kjær*

Forlag: BoD – Books on Demand, København, Danmark
Fremstilling: BoD – Books on Demand GmbH – Norderstedt, Tyskland

ISBN 978-87-430-0135-5

# Kvækerdommens tilblivelse

*Kvækerne* er et trossamfund inden for kristenheden på linje med fx katolikkerne og lutheranerne. Når der i det følgende tales om kvækerdommen, drejer det sig altså om en kristen trosretning ligesom lutherdommen.

I 2017 fejredes 500 års jubilæet for den lutherske reformation, der begyndte i 1517. Men det er værd at huske på, at der allerede længe før 1517 var forskellige forsøg på at reformere kirken, ligesom reformbestræbelserne fortsatte også efter Luthers tid blandt kristne, der ikke fandt, at Luthers reformation havde været vidtgående nok.

Mange mente, at Luther ganske vist havde afsløret den katolske kirkes magtmisbrug, men at hans reformbestræbelser var endt med en række nye statskirker, hvor kongemagten og biskopperne bestemte alt for meget. I stedet for trosfrihed herskede nu den Lutherske Ortodoksi eller – i England – den Anglikanske Ortodoksi. Luther havde talt om *evangeliets klare dag* og *et kristenmenneskes frihed*, men i stedet havde præsteskabet indført en bogstavelig læsning af Bibelen, så det kun var tilladt at læse og forstå denne bog på én ganske bestemt måde, som kongen og kirken bestemte. Alle, der læste den på en anden måde, risikerede strenge straffe.

Ikke mindst i England fortsatte kritikken af kirken længe efter, at den officielle reformation var afsluttet. Der var store grupper af kristne, der var kritiske overfor præstestanden, og som "søgte" noget andet. *Seekers* blev de kaldt. Det var, hvad vi i dag ville kalde en græsrodsbevægelse.

Samtidig var England i 1620'erne, - 30'erne og -40'erne præget af stor politisk uro. Det engelske parlament forsøgte at begrænse kongens magt, og det endte i 1642 med åbent oprør og borgerkrig. Kongen (*Charles den Første*) blev fanget og henrettet i 1649, og en mand ved navn *Oliver Cromwell* tog magten. Allerede i 1660 blev kongemagten dog genindført i England, men ikke som i mange andre lande (blandt andre Danmark) i enevældig form.

Det var midt under denne religiøse og politiske uro i England, at kvækerdommen opstod. Stifteren hed *George Fox*. Han blev født i 1624 i en lille landsby i nærheden af Leicester. Hans far var væver, og George fik heller ikke nogen boglig uddannelse. Han startede som hyrdedreng, men kom senere i lære som skomager. Allerede som dreng var George dog en ivrig bibellæser, og det siges, at han som voksen kunne Bibelen næsten udenad. I 1643 (midt under den engelske borgerkrig) begyndte George

Fox at rejse rundt I England på jagt efter en præst, der kunne tilfredsstille hans indre uro. Han var blevet en *seeker*, én af de "åndeligt søgende". Men lige meget hvilken præst han opsøgte, syntes han, at han fik "stene for brød". Han følte, at han blev mødt med en sludder for en sladder – og at han kun hørte færdiglavede sandheder, der ikke svarede til den virkelighed, han selv oplevede.

Da pludselig en dag hørte Fox en indre stemme, der sagde: *"Der er kun én, som kan tale til din tilstand, nemlig Jesus Kristus"*. Og så hoppede hans hjerte af glæde. I sin dagbog skriver George Fox: *"Jeg så et hav af mørke og død, men også et uendeligt ocean af lys og kærlighed, der overskyllede det mørke hav"*.

Fra da af – det var i 1647 – begyndte Fox offentligt at prædike en kristendom,

**George Fox (1624-1691)**

der er præget af lys og kærlighed, og han samlede snart store skarer af de "søgende" omkring sig.

Fem år senere, fra ca. 1652, kan man tale om en egentlig kvækerbevægelse. Den nye bevægelse skulle være en ny reformation, mere gennemgribende end lutherdommen, calvinismen og anglikanismen. George Fox havde som sit mål at genetablere urkristendommen, som den havde været i apostlenes dage.

George Fox' hovedbudskab var, at der ikke er brug for et særligt præsteskab eller autoriserede ritualer. I stedet for doktrinen om arvesynd lærte Fox, at alle mennesker har "noget af Gud" i deres indre; "det indre lys" eller "den indre Kristus" kaldes det også undertiden. *"Ved lysets og Guds ånds hjælp skal I, når I vender jeres tanker mod Gud, erfare et mål af åbenbaring og inspiration. Efterhånden som I ved hjælp af 'det af Gud' i jer bliver vendt bort fra det onde og bliver det kvit, vil der blive plads til, at mere af Gud kan blive åbenbaret og indblæst i jer,"* skrev Fox i 1664.

Enhver, der lytter til "det indre lys" – der vel at mærke ikke er det samme som den menneskelige samvittighed – kan derfor blive forkynder. Det gælder både mænd, kvinder og børn. Alle kan tage ordet ved et kvækermøde, og alle har samme indflydelse, når der skal træffes beslutninger. Der er heller ikke brug for særlige kirkebygninger, for Gud bor ikke i huse bygget af sten, men i menneskers hjerter.

Fox forkyndte, at hele livet er *sakramentalt*, og at der derfor ikke er brug for særlige kirkelige sakramenter. Alle mennesker er Guds børn, hvad enten de er døbt eller ej, og ethvert måltid, vi deler med hinanden, er en nadver.

Kvækernes gudstjeneste er en stille andagt, hvor mennesker sammen søger det indre lys. George Fox giver følgende råd til den andagtsøgende: *"Vær rolig og stille, slip taget i de fine, kloge og skarpsindige tanker, som kan komme frem, og stå åben og ærlig over for Gud, uden tanke på dit eget."*

Selv om Fox som sagt kunne sin Bibel udenad, var han ikke Bibel-fundamentalist. Han mente, at Bibelen er skrevet af mennesker, og at hver ny tid må finde sine svar – under vejledning af det indre lys. Og når sandheden og lyset er fundet, skal lyset være virksomt i verden, fx gennem fredarbejde eller en social indsats.

George Fox og kvækerne hører med andre ord hjemme inden for den kristne mystik, men i modsætning til de fleste mystikere dyrker de ikke det enkelte menneske og det indre liv. Kvækernes mystik har tværtimod altid været forbundet med et fællesskab og med aktiv handlen i verden.

Karakteristisk for kvækerne er det netop, at de midt under Borgerkrigen i England arbejdede for fred og nægtede at deltage militært i konflikten.

De gik lige fra begyndelsen – som det første kristne trossamfund i verden – ind for fuld ligestilling mellem mænd og kvinder, og de sagde "du" til hinanden og til alle andre. Desuden nægtede de at aflægge ed og at tage hatten af for øvrigheden.

I begyndelsen kaldte de første kvækere sig *'lysets børn'* – fordi "den indre Kristus" jo altså ofte blev beskrevet som et "indre lys". Senere blev det officielle navn *Vennernes Religiøse Samfund*. Navnet 'kvæker' ("én der skælver") er egentlig et skældsord brugt af modstanderne, men det blev alligevel hurtigt den almindeligt accepterede betegnelse i daglig brug – også af kvækerne selv.

Kvækerne mødte naturligvis voldsom modstand fra den etablerede kirke, og eftersom der ikke var religionsfrihed i England, hverken under Cromwell eller senere under kongemagten, blev både Fox og hans tilhængere fængslet den ene gang efter den anden.

11

Alligevel fortsatte Fox med at rejse rundt i England og samle folk til møder. I 1671 rejste han sågar helt til Amerika for at besøge de engelske kolonier, og han blev derovre i to år.

Senere – i 1677 – foretog Fox en rejse til Holland og Tyskland, og han nåede endda helt op til Det Danske Rige, til Slesvig, hvor den første danske kvækermenighed blev grundlagt i den religiøse fristad, Friedrichstadt eller Frederiksstad.

George Fox døde i 1691, 66 år gammel. På dette tidspunkt var der omkring 50.000 kvækere i England og omtrent det samme antal i Amerika.

Det blev af stor betydning for kvækerbevægelsens fremtid, at en række begavede og indflydelsesrige englændere tidligt tilsluttede sig bevægelsen. Fx adelsmanden *Willian Penn*, der blev medlem allerede i 1667. Han var som forfatter en af de ivrigste talsmænd for religionsfrihed i England, og da den engelske konge Charles den Anden skyldte ham en stor sum penge, gav han i 1681 William Penn et stort landområde i Nordamerika. Her grundlagde Penn kolonien og den senere delstat, Pennsylvania, der blev et fristed ikke bare for kvækerne, men også for mange andre forfulgte religiøse mindretal.

## Kvækerdommens videre udvikling

George Fox og de første kvækere drømte som nævnt om at genopdage urkristendommen, som den havde været i apostlenes dage. Men allerede i aposteltiden var der uenigheder mellem forskellige grupper af kristne, og kvækerne undgik heller ikke konflikter ... Kvækerne er mennesker lige som alle andre, og desværre opstod der efter Fox' død uoverensstemmelser. Nogle lagde mest vægt på det indadvendte og andre på det udadvendte. Nogle mente, at det gjaldt om at være trofaste over for de første kvækeres traditioner, mens andre netop mente, at det gjaldt om at tilpasse sig de nye tider. Det betød måske ligefrem uenigheder om noget så banalt som tøj og vaner. Nogle kvækere betragtede næsten de første kvækeres mørke tøj og brede hatte som en slags obligatorisk uniform, mens andre blot lagde vægt på at leve så enkelt som muligt. Det, der i dag er blevet moderne under betegnelsen *simple living*, men som kvækerne altid har kaldt *plain living*.

Det positive er imidlertid, at der aldrig har været nogen kirkelig myndighed, der har kunnet tvinge kvækerne til ensretning. Uenigheder bliver i første omgang forsøgt løst ved i stilhed at holde sagen frem i lyset. Men hvis konflikten fortsætter, og modsætningerne bliver for store, må man gå hver til sit.

Der findes derfor også i dag mange ret forskellige kvækermenigheder spredt rundt i verden. Men på trods af dette er det lykkedes at forblive sammen i én stor familie, der – trods alle forskelle – kan mødes på verdensplan i gensidig respekt.

I det følgende skal nævnes nogle historiske eksempler på, hvordan kvækerne har gjort en forskel.

Vi kan begynde i England, hvor der i første halvdel af det 19. århundrede levede et søskendepar, *Elizabeth Fry* og hendes bror, *Joseph Gurney*. De var begge kvækere, og de havde hver deres mærkesag. Det er nemlig en anden ting, der er karakteristisk for kvækerne. De tror ikke, at et enkelt menneske eller en lille gruppe mennesker kan påtage sig at forbedre hele verden. Det fører enten til overanstrengelse eller overfladiskhed. Nej, det er bedre, at vi som enkeltmennesker eller som gruppe finder ud af, hvad der skal være *vores* specielle mærkesag eller *concern* ("anliggende"). Og at vi så koncentrerer os om denne opgave, mens vi lader andre tage sig af *deres* særlige opgaver.

Elizabeth Fry havde det som sin hjertesag at forbedre forholdene for fængselsfanger, som på den tid havde det ganske forfærdeligt. Hendes bror, Joseph Gurney, havde det tilsvarende som sin mærkesag at virke for slaveriets afskaffelse. De to søskende rejste rundt i Europa, hvor de søgte audiens hos konger og ministre og forsøgte at tale deres sager. De arbejdede også for at få nedsat komiteer i de enkelte lande, der kunne virke for bedre forhold i fængslerne, eller for at de europæiske kolonimagter afskaffede negerslaveriet.

I 1841 ankom Elizabeth Fry og Joseph Gurney til Danmark, til København, som gæster hos kong *Christian den Ottende* og dronning *Caroline Amalie*. Digterpræsten *Grundtvig*, som var én af de få københavnere på den tid, der kunne tale og skrive engelsk, blev tilkaldt af dronningen for at fungere som tolk.

Grundtvig var faktisk også en af de få danskere, der vidste noget om kvækerne. Han havde i 1812 og 1817 udgivet et par verdenshistorier, og her roser han ganske vist kvækerne for at have bidraget til Englands frelse i de urolige år under borgerkrigen i 1600tallet, men som ortodoks lutheraner skælder han dem alligevel huden fuld på grund af det, som han opfatter som deres ukristelige standpunkter. I løbet af 1820'erne og 1830'erne blev Grundtvig imidlertid selv kritisk over for visse dele af lutherdommen og nærmede sig på en række punkter kvækernes synspunkter. Det gælder fx i synet på Bibelen, hvor både Grundtvig og kvækerne sætter Ånden over det døde bogstav. Ligeledes er Grundtvig og kvækerne enige om et positivt menneskesyn, ligesom de hylder frihed og religiøs tolerance. Det, der stadig skilte – og blev ved med at skille – Grundtvig og kvækerne, var synet på kirkens embede og sakramenterne.

Grundtvig havde imidlertid her i 1841 erklæret sig parat til at samarbejde også med mennesker, han kristeligt set var uenige med, i folkelige og politiske sager, hvis blot de var "af ånd". Det betød blandt andet, at Grundtvig nu godt kunne samarbejde med kvækerne, fx om en afskaffelse af slaveriet i de danske kolonier i Vestindien. Og Grundtvig tager altså i 1841 med ud i de danske fængsler og er tolk for Elizabeth Fry, ligesom han bliver aktivt medlem af den danske anti-slaveri-komité.

Kort efter at Elizabeth Fry og Joseph Gurney havde forladt København holdt Grundtvig et foredrag, hvor han fortæller om det kolossale indtryk, især Elizabeth Fry har gjort på ham med sit lysende eksempel. I det hele taget fik Grundtvig, jo ældre han blev, et stadigt mere positivt syn på kvækerne. I 1860'erne skrev han således, at hvis bare George Fox havde haft lidt større forståelse for sakramenternes sande betydning, så kunne han have fuldendt Luthers og Calvins reformation.

*Ole Vind*, der har skrevet doktor-disputats om Grundtvigs historie-filosofi, kalder George Fox for "the missing link" mellem Luther og Grundtvig, og den tidlige grundtvigianisme i 1860'erne er bedst at forstå som Grundtvigs forsøg på at skabe et nordisk vennesamfund, der forener det bedste inden for lutherdom og kvækerdom.

Det var i USA, at den helt store kamp for slaveriets afskaffelse kom til at stå. Også her var kvækerne lige fra begyndelsen meget aktive. I *Harriet Beecher Stowes* verdensberømte roman "Onkel Toms hytte" fortælles der blandt andet om, at kvækerne med stor fare for sig selv skjulte flygtede negerslaver, selv om det var strengt forbudt.

En af de mest berømte amerikanske kvækere fra denne tid er forfatteren og digteren *John Greenleaf Whittier*, der levede nogenlunde på samme tid som Grundtvig, og som i tale og skrift agiterede mod slaveriet. Da Borger-krigen 1861-1865 mellem Nord- og Sydstaterne brød ud, kunne kvækerne ikke deltage, fordi de er anti-militarister, men de gjorde, som de altid har gjort ved krige: De søgte at lindre lidelserne, og de forsøgte at fjerne årsagen til krigen, i dette tilfælde slaveriet.

Det sidste historiske eksempel på kvækernes aktive indsats, som her skal omtales, drejer sig netop om kvækernes fredsarbejde, og det rækker fra historien og ind i nutiden.

Kvækerne har altid taget Jesu ord om ikke at gribe til sværdet alvorligt. I de første to kristne århundreder var det utænkeligt, at en kristen kunne være soldat. Og hvis en soldat blev kristen, måtte han forlade militæret.

Men kvækerne har aldrig brugt deres ikkevolds-holdning som en magelig sovepude. Hverken under den amerikanske borgerkrig i 1860'erne eller senere under de to verdenskrige i det tyvende århundrede. Og heller ikke under nutidens krige og konflikter. Kvækerne arbejder dér, hvor de kan, på at forebygge krige, der jo ofte skyldes uretfærdige forhold. Og hvis krigen alligevel opstår, arbejder kvækerne på at lindre lidelserne og at løse konflikterne.

Det siger måske noget om kvækernes indsats i fredsarbejde, at adskillige individuelle kvækere har modtaget *Nobels Fredspris*, og at kvækerne som samlet gruppe i 1947 modtog fredsprisen for deres hjælpearbejde under Anden Verdenskrig.

I dag arbejder kvækerne fx aktivt på at skabe fred i Mellemøsten mellem Israel og Palæstina. Og her i Danmark arbejder kvækerne blandt andet på at skabe forståelse mellem 'gammeldanskere' og 'nydanskere'.

## Kvækerne i nutiden

Hermed er vi nået frem til kvækerne i nutiden.

Der er i alt cirka 300.000 kvækere på verdensplan. Heraf bor de fleste i USA og visse lande i Østafrika. Det er jo ikke overvældende mange. I hele Europa er der cirka 25.000 medlemmer, flest i England.

I de nordiske lande er der omtrent 400 kvækere, flest i Norge, hvor kvækerne lige har fejret 200 års jubilæum.

I Danmark er der kun cirka 30 officielle medlemmer og omtrent lige så mange sympatisører ("vennernes venner").

Man kan måske undre sig over, at der ikke er flere, eftersom de fleste, der hører om kvækerne, umiddelbart synes, at de virker sympatiske. Den verdens-berømte tyske teolog *Dorothee Sölle* skriver et sted, at kvækerne er det religionssamfund, der har de bedste svar på nutidens udfordringer. Når der alligevel ikke er flere kvækere, end der er, skyldes det formodentlig, at kvæker-ne aldrig missionerer og forsøger at omvende andre. Man skal så at sige selv opsøge dem, og man er endda "velkommen" til at komme i årevis til deres møder som en "ven af vennerne", altså uden at blive officielt medlem.

Man kan vel sige, at kvækerne aldrig har haft ambitioner om at blive rigtig mange. Det er ingen salighedssag at være kvæker. Ifølge kvækerdommen er du accepteret og elsket af Gud, hvad enten du er jøde, muslim, buddhist, katolik, lutheraner – eller kvæker.

I Danmark og i Europa foregår et kvækermøde stadig som en stille andagt på ca. en time. Vi sidder typisk i en rundkreds med et tændt lys, en blomst og en bibel liggende på et lille bord, der står i midten. I stilheden forsøger vi sammen at fokusere på "det af Gud i alle", "det indre lys", "den indre Kristus". Hvis nogen føler sig kaldet til at dele et ord eller en tanke med de andre, er det helt i orden at rejse sig og bryde stilheden med et kort indlæg. Bagefter sænker stilheden sig igen. Ofte er der 3-4 korte indlæg i løbet af en time, men det sker også, at stilheden råder under hele mødet. Det er lidt forskelligt, og det ene er ikke bedre end det andet.

Kvækerne har ingen fælles trosbekendelse og ingen dogmer. Det skulle da være stilheden og antimilitarismen.

Alle vigtige beslutninger træffes i fællesskab ved månedlige møder, hvor alle har taleret. Der stemmes ikke. Hvis man ikke kan blive enige, udsættes beslutningen til næste gang. Det lyder måske ineffektivt, men det har fungeret i snart 400 år og afværget mange konflikter.

Kvækerne i Danmark mødes ugentligt i København, hvor de har et fast mødelokale. I Jylland er der nogle få møder om året, mest i Aarhus. Derudover er der et fælles tredagsmøde i Store Bededagsferien i Skovhuset ved Skanderborg.

Kvækerne i Danmark og i resten af verden er alle uden undtagelse ved siden af den åndelige andagt optaget af at gøre en forskel i verden. En eller flere kvækere engagerer sig – meget ofte i samarbejde med andre ikke-kvækere – om en hjertesag. Det kan være fredarbejde, flygtningearbejde eller miljøspørgsmål. Det kan også være at skabe lokale fællesskaber med samvær på tværs af sociale og etniske skel. Det kan kort sagt være så meget. Ingen kan frelse hele verden, men alle kan gøre en lille forskel lige netop dér, hvor de engagerer sig.

# Litteratur

## Romaner, der bl.a. handler om kvækere:

Harriet Beecher Stowe: *Onkel Toms hytte* (Branner & Korch, 1967)

Toril Brekke: *Drømmen om Amerika, Guldfeber og Det forjættede land* (trilogi) (Hovedland, 2006-2011)

Tracy Chevalier: *Den sidste flugt* (Jentas, 2014)

## Fagbøger om kvækerne før og nu:

George Fox: *Sannheten i hjertet* (Kveker-forlaget, Norge 2017)

Rufus M. Jones: *Kvækernes tro og virke* (Vennernes Samfund, 1953)

*Kristenhedens kirkesamfund* (Fremad, 1974), side 120-130: *"Kvækerne".*

Susanne Gregersen: *Kvækersamfundet: Historisk, social, religiøs og politisk baggrund* (Kvekerforlaget, 1979)

Thomas Kelly: *Det indre lys* (Borgen, 1983)

Jens Steensberg: *Kristen humanisme: En dansk kvækers betragtninger* (Kvekerforlaget, 2006)

Sven Ryberg: *En time i stilhed: Kvækerandagt, hvad er det?* (Kvækerne, 2015)

Niels Kjær: *John Greenleaf Whittier og 'Den evige godhed'* (Kvekerforlaget, Norge 1983)

Niels Kjær: *Grundtvig og kvækerne* (Books on Demand, 2016)

## Adresser

Kvækernes adresse i København er **Drejervej 15, 4. sal, 2400 København NV**. Her er der andagtsmøde hver søndag klokken 10, og alle er velkomne til at møde op.

De danske kvækeres hjemmeside er **www.kvaekerne.org** og deres mail-adresse er **kvaekerne@gmail.com**.